中国儿童核心素养培养计划

课后半小时 小学生阶段阅读

文化基础　自主发展　社会参与

空天梦想

课后半小时编辑组 ■ 编著

从滑翔机到空间站

029

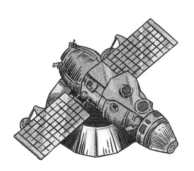

北京理工大学出版社

BEIJING INSTITUTE OF TECHNOLOGY PRESS

核心素养之旅
Journey of Core Literacy

中国学生发展核心素养，指的是学生应具备的、能够适应终身发展和社会发展的必备品格和关键能力。简单来说，它是可以武装你的铠甲、是可以助力你成长的利器。有了它，再多的坎坷你都可以跨过，然后一路登上最高的山巅。怎么样，你准备好开启你的核心素养之旅了吗？

文化基础

科学基础

- 第 1 天 万能数学 〈数学思维〉
- 第 2 天 地理世界 〈观察能力 地理基础〉
- 第 3 天 物理现象 〈观察能力 物理基础〉
- 第 4 天 神奇生物 〈观察能力 生物基础〉
- 第 5 天 奇妙化学 〈理解能力 想象能力 化学基础〉

科学精神

- 第 6 天 寻找科学 〈观察能力 探究能力〉
- 第 7 天 科学思维 〈逻辑推理〉
- 第 8 天 科学实践 〈探究能力 逻辑推理〉
- 第 9 天 科学成果 〈探究能力 批判思维〉
- 第 10 天 科学态度 〈批判思维〉

人文底蕴

- 第 11 天 美丽中国 〈传承能力〉
- 第 12 天 中国历史 〈人文情怀 传承能力〉
- 第 13 天 中国文化 〈传承能力〉
- 第 14 天 连接世界 〈人文情怀 国际视野〉
- 第 15 天 多彩世界 〈国际视野〉

自主发展

学会学习

- 第 16 天 探秘大脑 〈反思能力〉
- 第 17 天 高效学习 〈自主能力 规划能力〉
- 第 18 天 学会观察 〈观察能力 反思能力〉
- 第 19 天 学会应用 〈自主能力〉
- 第 20 天 机器学习 〈信息意识〉

健康生活

- 第 21 天 认识自己 〈抗挫折能力 自信感〉
- 第 22 天 社会交往 〈社交能力 情商力〉

社会参与

责任担当

- 第 23 天 国防科技 〈民族自信〉
- 第 24 天 中国力量 〈民族自信〉
- 第 25 天 保护地球 〈责任感 反思能力 国际视野〉

实践创新

- 第 26 天 生命密码 〈创新实践〉
- 第 27 天 生物技术 〈创新实践〉
- 第 28 天 世纪能源 〈创新实践〉
- 第 ㉙ 天 空天梦想 ● 创新实践
- 第 30 天 工程思维 〈创新实践〉

总结复习

- 第 31 天 概念之书

从奔跑到飞翔

人们对天空有着与生俱来的憧憬和美丽想象，也常常希望能双脚离地，和天空距离更近。人们想象后羿拉弓搭箭，射掉了天上的 9 个太阳；想象嫦娥吃了仙药飞上天宫；想象天上有一个热闹非凡、不染世间尘俗的仙境，那些拥有无边法力的神仙们，就在仙境里过着无忧无虑的日子。

中国古人抬头望天，希望从对天空变化的观察和记录中获得对生活的更多掌控，所以古人说"靠天吃饭"，充满了对遥远天空的敬畏和依赖。只是这种敬畏并没有让人类望而却步，相反，人类从未停止探索天空的尝试。人们用肉眼观测天象，总结规律，制定历法指导人类的农业生产和劳动生活。人们发明了轮子，实现了双脚离地，同时开始了对速度无止境的追求，快，更快，直到获得更高的初速度，获得离开地面的力量。

《汉书·王莽传》中有记载："莽辄试之，取大鸟翮为两翼，头与身皆著毛，通引环纽，飞数百步堕。"戴鸟翅膀飞行，这可能是人类最早的飞行尝试。德国工程师李林塔尔或许是受到达·芬奇画稿的启发，发明了滑翔机，实现了人类飞翔的疯狂想象。莱特兄弟经过成千上万次的实验，最终制造出"飞行者一号"，由此诞生了人类历史上第一架真正意义上的飞机。

飞机的发明让人们离天更近一步，但人类的视线始终无法从天文望远镜上移开。冲出大气层，成为人类飞天的新目标。1926 年，世界上第一枚液体燃料火箭成功发射，虽然只飞离地面 12.5 米，但同时发射的，还有人类飞出地球的野心。1957 年，世界上第一枚人造地球卫星发射成功；1961 年，人类首次进入太空；1969 年，人类首次登上月球；1971 年，人类发射第一座空间站……探索还在继续，回头望去，人类已经走了那么远。

"无穷宇宙，人是一粟太仓中。"人类只是世间千万种生物中的一种，但和任何一种生物不同的是，刻在基因里对天空最原始的向往驱动人类越跑越快，越飞越远。这是探索的力量，是不断思考和行动带来的人类飞跃。

时至今日，人类依然代代流传着关于天空想象的故事，这些故事并不科学，甚至还有些荒谬。但人类始终相信，这些最原初的狂想能在孩子心中种下梦想的种子，让他们一直向上生长。

创新实践主编 张秀婷

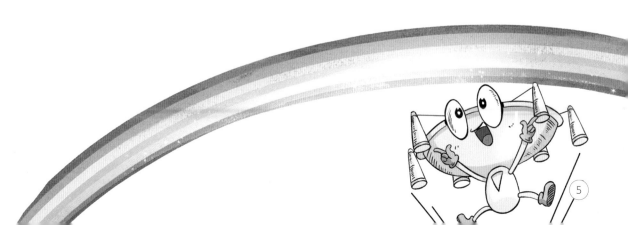

为什么水不能往高处流

撰文：一喵师太
美术：Studio Yufo

"日照香炉生紫烟，遥看瀑布挂前川。飞流直下三千尺，疑是银河落九天。"这首关于瀑布的经典古诗，有个小书生却觉得该改改了。来自物理江湖的力大侠觉得不妥，并指出原因。

我要把"飞流直下三千尺"改成"飞流直上三千尺"，这样听起来多霸气！

世间万物都是从上往下落的，这是引力造成的。引力有的大，有的小。引力的大小和物体的质量有关，也和物体之间的距离有关。

物质→物体→质量

世界上的所有东西，都是由"物质"构成的。每个物体中的"物质"多少，就叫作质量。

我没听懂唉。

简单点说吧，把一个物体放到秤上称一下，它有多沉，它的质量就是多少。

200g

90kg

这么说我就懂了。

质量的常用单位是克（g）和千克（kg）。

质量越大、距离越近的物体，引力就越大。比如地球，就可以让空气、水、土壤还有生物都紧紧围绕在自己身边。

所以，天上的雨雪会落到地上，树上的苹果也会落到地上，瀑布里的水也就一定是"飞流直下"啦。

月球

引力

你抱太紧啦！

引力就像一根看不见的绳子，让月球始终围绕地球转动。

嗨，我又来了。

牛顿

由于地球的吸引而使物体受到的力称为"重力"。

重力的符号是 G，它的方向永远是竖直向下的。

17 世纪时，英国科学家牛顿首先发现了万有引力定律，为了纪念他，力的单位就被称为"牛顿"，读作"牛"，用大写的英文字母 N 表示。

75千克/735牛

一般来说，质量越大的物体，重力就越大。在地球上，每千克物体的重力约为 9.8N。

你的重力是多少牛呀？

0.2千克/1.96牛

可是，重力的大小并不是一成不变的。在不同的地方，重力的大小也不相同。

我在地球上只能跳一米，可是在月球上却可以跳六米！

月球

由于月球的质量比地球小很多，月球上的重力只有地球的六分之一。

别说跳了……站着都费劲……

木星

木星的质量比地球的大，木星上的重力是地球上的两倍多。

我来啦！

好可怕！快拽着我点！

当然，宇宙中也存在引力很小的地方，在这里，物体很难受到引力的束缚，只能漫无目的地飘着。这种状态就叫作"失重"。

所以，只要是有引力的地方，水都会从高处往低处流！

原来是这样……看来还是"飞流直下"更准确一点呀！

万有引力定律为人们打开了研究天体运行规律的大门。通过对万有引力定律的应用，人们发现了哈雷彗星、海王星、冥王星。进入 20 世纪后，人们成功向宇宙发射了航天器，这和应用万有引力定律进行精确测算分不开。

万有引力定律到底属于谁?

撰文：硫克

英国科学家胡克在1679年发表过一篇有关引力的论文，他曾在与牛顿的通信中提及此事。1687年，牛顿发表《自然哲学的数学原理》，胡克认为牛顿应该在该著作中提及自己的名字。牛顿表示，他本人大约在1666年就发现了引力定律，并且写信告诉了别人，根本不需要从胡克处获悉。但是，曾经的牛顿其实一度放弃该研究，之所以多年后重新研究，是因为胡克的来信——胡克在信中阐述了一些他并不知道的实验结果。

无论胡克早先的研究成果有多粗糙，牛顿既然从中获益，就该在书中提及胡克的名字。最终，在两人的共同好友埃德蒙多·哈雷的努力下，牛顿同意在《自然哲学的数学原理》中的有关部分加一条注解，说明"引力的大小与距离的平方成反比"定律也被胡克独立地发现。

艾萨克·牛顿

性　别	男
生卒年	1643—1727
国　籍	英国
特　点	百科全书式的"全才"
主要成就	提出牛顿运动定律、万有引力定律等

▶延伸知识

据科学家推测，整个宇宙中的星星大概有七百万亿亿颗，可为什么能被我们看到的只有几千颗呢？这主要是受星星与我们的距离的影响。我们知道，一个物体离我们越远，我们就越难看到它。茫茫宇宙无边无际，绝大部分的星星都离我们非常遥远。

天文学家用光年这个长度单位来衡量宇宙空间的距离。光年就是光走一年的距离。比如除太阳外，离我们最近的恒星比邻星与地球的距离是 4.22 光年。

撰文：禾月

比邻星

火箭约需 12 万年

4.22 光年

速度快的跑车约需 970.6 万年

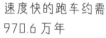

速度最快的短跑运动员约需 1.055 亿年

地球

从地球看浩瀚宇宙

如果你仔细观察星空，就会发现星星有蓝色的，有黄色的，还有红色的。是有人给星星涂了颜色吗？其实，星星的颜色与它的温度有关系。颜色的顺序是蓝、白、黄、橙、红。温度越高的星星，颜色越蓝。温度越低的星星，颜色越红。

人们从很早以前就开始观察星空，记录星星了。早在公元前 1800 年，古巴比伦人就制定了星表。中国在战国时期出现了两位了不起的天文学家——甘德和石申，经过长期的观察，他们各自写出一部天文著作，合称《甘石星经》。《甘石星经》记录了 800 多颗恒星的名字，测定了其中 121 颗恒星的方位，并通过观测得出了金星、木星、水星、火星、土星这 5 颗行星的运行规律。

▶延伸知识

太阳的"肤色"

太阳是什么颜色的？橙红色的？黄色的？其实，太阳是一颗白色的恒星。但为什么我们看到的太阳是黄色的，甚至是红色的？这是因为地球大气施的"魔法"。由于地球大气的散射作用，我们看到的太阳经常是黄色或是橙色的。

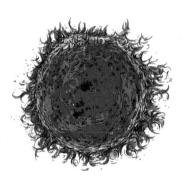

如果你想观察到更多的星星,单靠肉眼已经无法满足要求了,需要借助一种专门的装备,那就是天文望远镜。第一个将望远镜对准星空观察星星的人,是意大利科学家伽利略。1609 年,伽利略自己制作了一架天文望远镜,并把它对准了星空。这架天文望远镜非常简陋,但是伽利略却清楚地看到了月球上的山脉和陨坑,发现了木星的四颗卫星,还发现了银河系无数的星星。

赫歇尔望远镜

开普勒望远镜

凯士望远镜

伽利略自制望远镜观察星空后,天文学家从中受到启发,开始不断地制造和研究新的望远镜,希望能够看到更清晰的星空。望远镜的发明让人们更好地认识了宇宙空间,不过,这些望远镜究竟有什么区别呢?

开普勒头像

牛顿头像

凯克望远镜

哈勃太空望远镜

牛顿反射望远镜

坐在桌子前
工作的哈勃

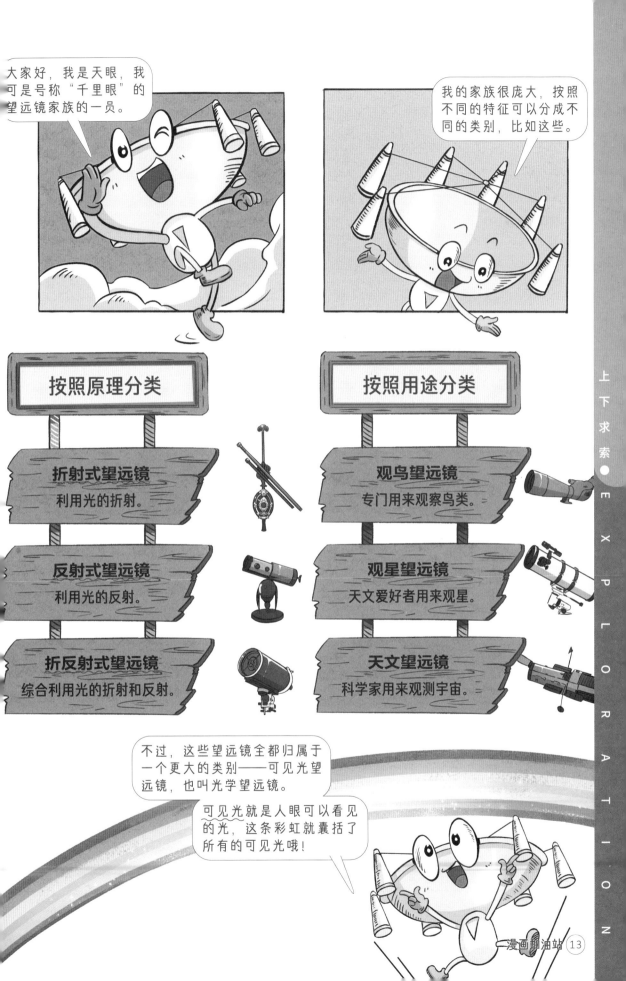

大家好，我是天眼，我可是号称"千里眼"的望远镜家族的一员。

我的家族很庞大，按照不同的特征可以分成不同的类别，比如这些。

按照原理分类

折射式望远镜
利用光的折射。

反射式望远镜
利用光的反射。

折反射式望远镜
综合利用光的折射和反射。

按照用途分类

观鸟望远镜
专门用来观察鸟类。

观星望远镜
天文爱好者用来观星。

天文望远镜
科学家用来观测宇宙。

不过，这些望远镜全都归属于一个更大的类别——可见光望远镜，也叫光学望远镜。

可见光就是人眼可以看见的光，这条彩虹就囊括了所有的可见光哦！

然而，看不见的东西不代表不存在，比如空气，比如不可见光。

其实，光是一种电磁波，可以简单地分成两类：人眼看得见的可见光和人眼看不见的不可见光。

不 可 见 光

辐射种类	无线电	微波	红外线
波长（m）	10^3	10^{-2}	10^{-5}

人眼能看到的可见光只占光的一小部分，它们的波长在 400~760 纳米（nm）* 之间。

频率（Hz）			
	10^4	10^8	10^{12}

波长越长，传播距离越远，比如无线电波可以传播到几千千米以外，所以被用来做广播信号。

➡ 波长 ⬅

* 纳米是表示波长的单位，用 nm 表示，1 厘米（cm）= 10000000 纳米（nm）。

带你重新认识光

撰文：硫克
美术：王婉静 吴帆

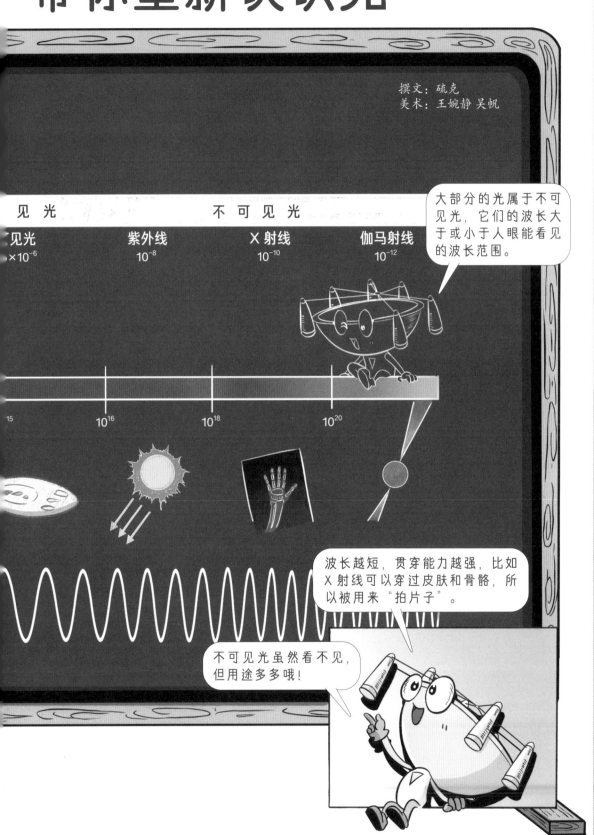

见光　　　　　　　不可见光

见光　　紫外线　　X射线　　伽马射线
×10⁻⁶　　10⁻⁸　　10⁻¹⁰　　10⁻¹²

15　　10¹⁶　　10¹⁸　　10²⁰

大部分的光属于不可见光，它们的波长大于或小于人眼能看见的波长范围。

波长越短，贯穿能力越强，比如X射线可以穿过皮肤和骨骼，所以被用来"拍片子"。

不可见光虽然看不见，但用途多多哦！

上下求索 ● EXPLORATION

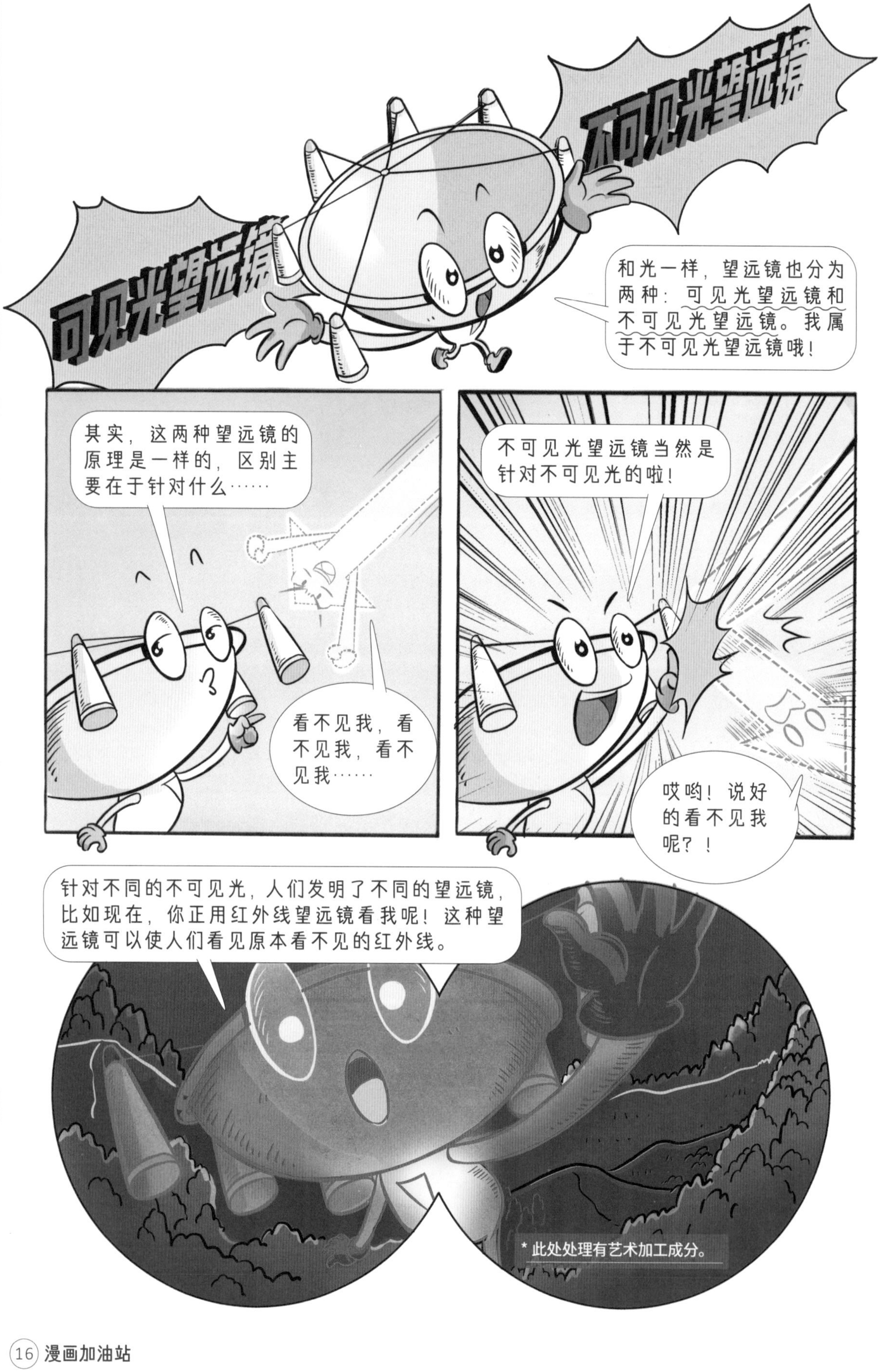

可见光望远镜

不可见光望远镜

和光一样，望远镜也分为两种：可见光望远镜和不可见光望远镜。我属于不可见光望远镜哦！

其实，这两种望远镜的原理是一样的，区别主要在于针对什么……

看不见我，看不见我，看不见我……

不可见光望远镜当然是针对不可见光的啦！

哎哟！说好的看不见我呢？！

针对不同的不可见光，人们发明了不同的望远镜，比如现在，你正用红外线望远镜看我呢！这种望远镜可以使人们看见原本看不见的红外线。

＊此处处理有艺术加工成分。

捕捉星星的轨迹

撰文：禾月

晴朗的夜晚，你是不是喜欢抬头仰望美丽的星空？告诉你，古人也非常喜欢观看夜晚的星空。古人看星空不是因为星空美丽，他们认为天上的日月星辰对应着地上的人，日月星辰的变化就预示着将要发生的大事。听起来很荒谬对不对？可古人对此深信不疑，尤其是皇帝，非常重视天象的变化，派专门的官员日夜不停地观察天象。这些观测天象的人一天也不敢懈怠，任何突发的天象，全都一一记录下来，希望不会因为自己的失职获罪。可他们根本不知道，自己记录下来的这些天象变化，为天文学做出了多么巨大的贡献。

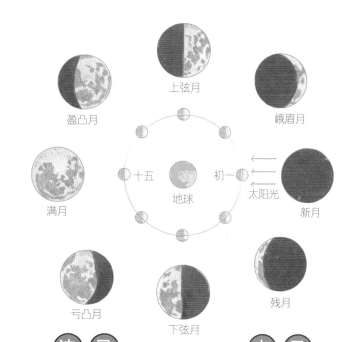

上弦月

盈凸月

峨眉月

十五

初一

地球

太阳光

满月

新月

亏凸月

残月

下弦月

月相

人们发现，天上的月亮阴晴圆缺，存在着一些规律，月亮每天都要在星空中从西向东移动一段距离，同时，月亮的形状也在不断发生变化。人们把这些变化规律记录下来，并分别给不同形态的月亮命名。

彗星

中国古人认为彗星运行时形似扫把，所以也称彗星是"扫把星"，认为彗星的出现预示着灾难的降临。在古代，彗星的出现总是给当时的人们带来恐慌。古罗马人认为彗星的出现意味着即将发生大火灾。正因如此，世界各地都流传着关于彗星的记录。中国出土过一张《马王堆彗星图》，展现和记录了 29 幅彗星图。

流星

流星在天空炫目地燃烧，发出美丽的光芒。流星不完全燃烧会落到地面上成为陨石。中国最早有文字记载的"天外来客"是明代的隆昌铁陨石，这块陨石主要成分为铁镍合金，铁镍含量高达 98%，十分坚硬。

火星

在晴朗的夜空，我们能通过肉眼观察到一颗红色的星星，亮度比太阳、月亮和金星暗，这颗红色的星星就是火星。中国古人称火星为"荧惑"，取"荧荧火光，离离乱惑"之意。中国古人认为，当火星在心宿二附近冲日时，君主就处于危险之中，国家即将发生动乱。他们把这种现象称为"荧惑守心"。

…堆彗星图

太阳系与八大行星

撰文：禾月

望远镜的发展让人们观察到的星体更清晰，记录的数据也更加准确。人们通过观察和测算发现，太阳系是太阳与被太阳"吸引"到身边的天体共同组成的一个天文系统。具体地说，太阳系是由太阳、8 颗行星、至少 173 颗已知的卫星、5 颗已经被确认的矮行星和无数其他小天体组成的。

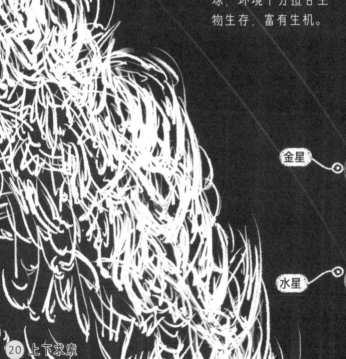

小行星带

小行星带位于火星和木星之间，看上去是一道宽宽的圆环，小行星带的天体主要由岩石和金属构成。

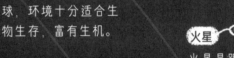

地球

地球是我们居住的星球，环境十分适合生物生存，富有生机。

火星

火星是距离太阳第四近的行星，有许多奇幻的景观。

金星

金星与太阳的距离仅次于水星，拥有充满有毒气体的大气环境。

水星

水星是距离太阳最近的行星，也是太阳系最小的一颗行星。

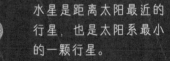

柯伊伯带位于海王星轨道外，黄道面附近，那片区域分布着包含冥王星在内的许多小星体。柯伊伯带的天体主要是水、氨和甲烷结成的冰，柯伊伯带的宽度和质量都比小行星带大得多。

柯伊伯带

冥王星

冥王星曾经被认为是太阳系的第九大行星，后来被降级为矮行星，它是柯伊伯带中的一员。

海王星

海王星是太阳系八大行星中唯一通过计算而非有计划的观测发现的行星，是八大行星中距离太阳最远的行星。

土星

土星的外表看上去十分美丽，光环是它最大的标志。

天王星

天王星是太阳系八大行星中距日距离排名第七的一颗行星，人们对这颗行星的了解目前还很少。

▶延伸知识

矮行星成员

在太阳系中，被官方认可的矮行星一共有5颗，它们分别是谷神星、冥王星、阅神星、妊神星及鸟神星。

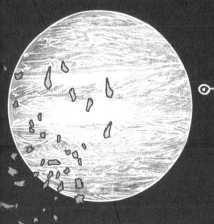
木星

木星是太阳系八大行星中体积最大、自转速度最快的行星。

随着科技的发展，人们已经不满足于用望远镜观测星体。火箭的成功发射让各类航天器得以飞升上天，携带各种观测设备，在星体上着陆，让人类能近距离观测星体，采集土壤样本等。人们对太阳系各大行星有了更多的认识。

"水手10号"探测器

水星的"探险家"

我们可以从"水手10号"探测器传回地球的照片来进一步了解水星。

金星的"探险家们"

"金星7号"探测器

"金星12号"探测器

"麦哲伦号"金星探测器

人类对金星的探索一度十分狂热。迄今为止，人类发往或路过金星的探测器已经超过40个，我们已经获得了大量有关金星的科学资料。借助这些资料，我们能进一步研究金星。苏联发射的"金星7号"探测器是第一个到达金星进行实地考察的"人类使者"。它穿过了金星浓密发亮的硫酸云，冒着高温的风险，首次实现了人类探测器在金星表面的软着陆。通过它的"眼睛"，我们知道了金星地表的温度高达470℃，大气成分主要是二氧化碳，还有少量的氮气。

苏联发射的"金星12号"探测器探测到金星上空闪电频繁、雷声隆隆。

美国将"麦哲伦号"金星探测器发射上金星。"麦哲伦号"拍摄了金星绝大部分地区的雷达图像，通过这些图像，人们发现金星上没有水，不适宜生命存活。在此之前，人类已经发现金星上落下的不是雨，而是硫酸。

土星的"探险家"

我们在探测器的帮助下了解到土星的公转周期长达 29.5 年。发明并使用二十八星宿体系来观测星辰的古代中国人，同样观察到了土星在天上的位置会移动这一现象。他们发现，每年土星都会在天上移动差不多一个星宿的位置，于是他们认为这代表着土星每年都会"坐镇"一宿，因此称其为"镇星"。

"卡西尼号"探测器

海王星的"探险家"

迄今为止，只有美国的"旅行者 2 号"探测器在 1989 年探测过海王星。我们通过"旅行者 2 号"探测器的"眼睛"，能够观测到海王星的光环和卫星。

"旅行者 2 号"探测器

世代的人们仰望星空，都萌生过到月球上看一看的想法和愿望。这一人类的共同愿望在 1969 年实现了，美国宇航员阿姆斯特朗第一次代表人类踏上了月球。在此之前，苏联于 1959 年发射过"月球二号"探测器并使其成功撞击月球，"月球二号"是人类派出的第一个探索月球的"使者"。

阿姆斯特朗

■主编有话说

"玉兔"来探测

此后的几十年，几大航空航天大国争相探索月球。中国的"嫦娥四号"探测器在 2019 年成功登陆月球背面，这是人类探测器首次在月球背面软着陆；月球车"玉兔二号"也收集了很多资料。人类的月球探索工程翻开了一个新的篇章！

"玉兔二号"月球车

发现银河系以外的世界

人类对宇宙的探索还在继续，观测和捕捉星体信息的设备也在进化：折射式望远镜、反射式望远镜、太空望远镜、射电望远镜、红外望远镜、高空气球、太空卫星……这些设备帮助人们"看到"了太阳系以外，甚至是银河系以外的更广阔的宇宙世界。2016 年，500 米口径球面射电望远镜"中国天眼"建成并进入试运行阶段，它随时保持警觉，不放过任何信号。2017 年，还未正式开放尚处于调试阶段的天眼发现了 PSR J1900-0134 脉冲星。

撰文：硫克
美术：王婉静 吴帆

就是我哦！

想要了解脉冲星是什么，需要了解一个事实。宇宙中有无数的天体，有恒星、行星、卫星、小行星、彗星……但你可能不知道，这些天体并不是永远存在于宇宙中，它们有新生，也有消亡，连太阳这样的恒星也不例外。现在的太阳正值壮年，它的寿命有多长呢？太阳结束"生命"后会去哪里呢？

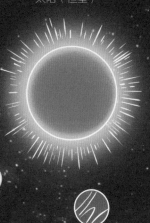

路过的彗星

月球（卫星）

太阳（恒星）

地球（行星）

小行星带

我的寿命大概是 100 亿年，现在我 50 亿岁，刚好度过了一半的生命。

想知道太阳的归宿，先看看其他恒星的命运吧！

恒星，一种内部持续发生核反应的天体。

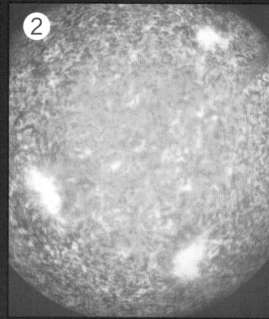

恒星的寿命就是它能持续进行核反应的时长。

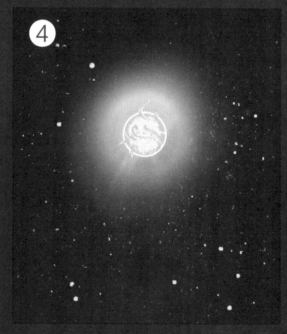

小质量的类似于太阳的恒星，将先变成绚丽的行星状星云，之后慢慢冷却，最后成为一颗体积小、密度大的白矮星。

上下求索 ● E X P L O R A T I O N

③

伴随着核反应的结束，恒星将迎来它的"死亡"……

⑤

大质量恒星最终将以超新星爆炸的方式结束自己的一生，有的变成了密度非常高、体积却非常小的中子星。

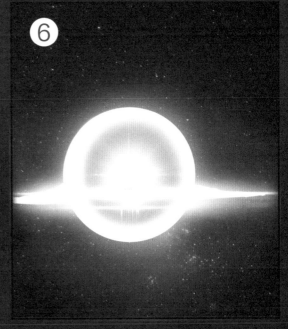

⑥

质量更大的恒星，最终爆炸并形成了密度极高、体积极小且引力极强的黑洞。

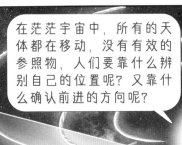

在茫茫宇宙中，所有的天体都在移动，没有有效的参照物，人们要靠什么辨别自己的位置呢？又靠什么确认前进的方向呢？

当然靠我啦！因为我的电波信号很稳定，是茫茫宇宙中少有的有效参照物！你可以把我看作宇宙中的灯塔，没了我，你会在宇宙中迷路的！

不过，人类现在还没有能力飞出太阳系，宇宙航行仍然属于科学幻想。

但我还有个大用处！

作为一颗密度非常大、温度非常高、体积却很小的天体，我的物理环境是非常极端的，是地球上没有且人类难以创造的。

脉冲星所拥有的极端物理环境是理想的天体物理实验室！

这正是科学家们特别想要的！

可以通过研究脉冲星的"经历"解答许多重大物理学问题！

这些现在也都是设想……

极端！！

脉冲星

脉冲星☆粉丝团

脉冲星

住进"天宫"里

1961 年，27 岁的苏联航天员尤里·阿列克谢耶维奇·加加林乘坐"东方1号"宇宙飞船发射升空，在太空飞行108 分钟后返回地面，完成了人类首次遨游太空的壮举，开辟了人类航天的新纪元。从那以后，人类不再满足于在地球仰望星空，而是要拥抱太空，在太空遥望宇宙。

撰文：硫克
美术：王婉静 吴帆

2021 年 6 月 17 日 9 时 22 分，搭载"神舟十二号"载人飞船的"长征二号"运载火箭，在酒泉卫星发射中心点火发射。在这次发射任务中，3 位中国航天员聂海胜、刘伯明、汤洪波被送入太空。

2021 年 6 月 17 日 18 时 48 分，航天员聂海胜、刘伯明、汤洪波先后进入"天和"核心舱，他们将入住"天宫"，像传说中的神仙一样，住在天上。在接下来的日子里，航天员在中国空间站"天宫"里进行科学研究和实验，管理和维护空间站的运行，执行出舱任务等。

什么是空间站？

"天宫"是中国建设的空间站，可以作为航天员在太空停留和工作的场所，你可以理解为航天员在太空里的房子。"天宫"由1个核心舱、2个实验舱、载人飞船和货运飞船组成。它们必须精准对接，紧密配合，才能保证航天员在太空生活的安全和日常所需。

实验舱1
"问天"号实验舱
为航天员准备的实验室。

核心舱
"天和"号核心舱
航天员的主要工作、生活区域。

载人飞船
"神舟"号载人飞船
负责运送航天员在地球和"天宫"之间来回，相当于航天员的摆渡车！

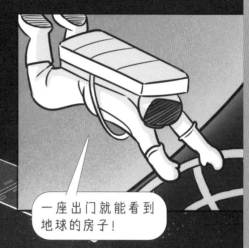

一座出门就能看到地球的房子！

货运飞船
"天舟"号货运飞船

负责在地球和空间站之间运送货物，与空间站对接后，货运飞船将成为储存货物的仓库。

实验舱2
"梦天"号实验舱

大家好，我是"天和"核心舱。现在太空里只有我自己。

不过不用替我担心，我的姐姐"神舟"载人飞船马上就到了，她还会带新朋友来。

成功对接了！

　　"天和"核心舱是"天宫"空间站的管理和控制中心，也是航天员的居住舱段。想让航天员长期在空间站生活，需要空间站各个部分协同工作。然而，空间站的各个部分并不是同时被运送到太空中去的，而是分批通过运载火箭运送至核心舱的运行轨道，分别与"天和"核心舱对接后，才能实现各自的功能。可别小瞧"对接"这个动作，成功的对接意味着太空生活走向了正轨。"天和"核心舱是第一个来到太空的成员，它正在等待着其他"天宫"大家族成员的到来。

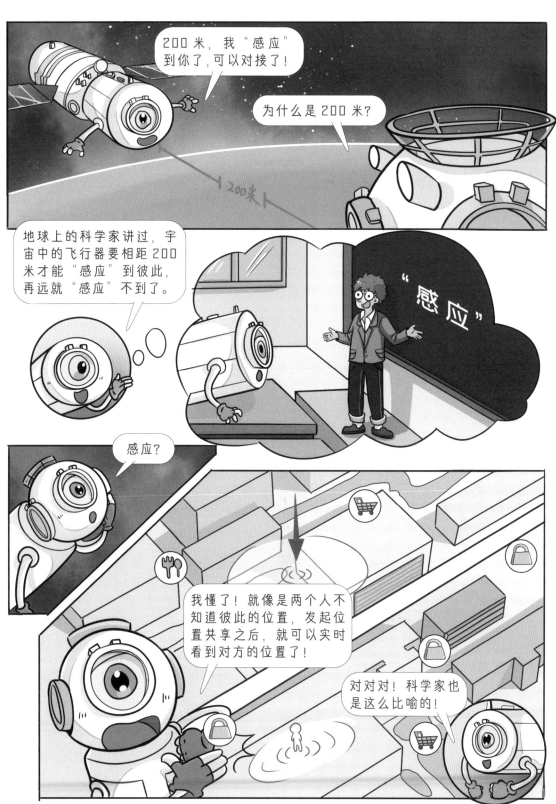

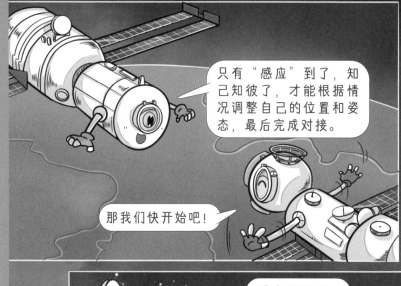

只有"感应"到了，知己知彼了，才能根据情况调整自己的位置和姿态，最后完成对接。

那我们快开始吧！

准备好了吗？

早都准备好啦！

我再往左一点……

成功了！

空间站户型图

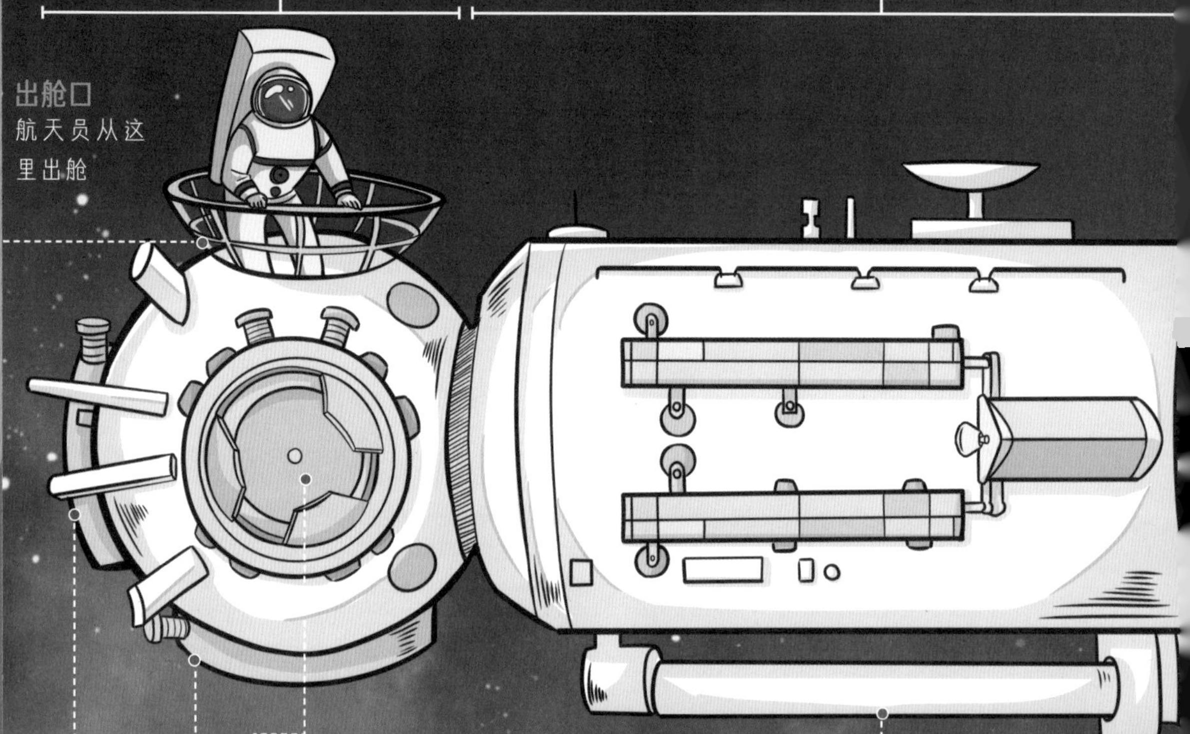

节点舱
空间站的"交通枢纽"，航天员出舱、飞行器对接都要在这里进行

小柱段
航天员的生活居住区

出舱口
航天员从这里出舱

停泊口
供飞行器临时停泊

机械臂
机械臂不工作的时候待在这里

对接口
在这里和其他飞行器对接

本文撰稿人：禾月

哇—

虽然空间站空间有限，但却用有限的空间最大限度地保证航天员的太空生活。"天宫"空间站可以容纳 6 位航天员共同居住生活和工作。未来的"天宫"，将长期有人驻守，人类对太空的探索将永无止境。

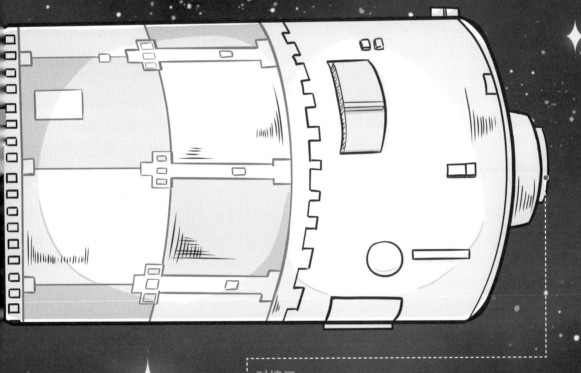

大柱段
航天员的工作区

对接口
这里还有一个对接口

核心舱地图

		平台设备	再生生保设备	平台设备	实验载荷安全区	
睡眠区 1	睡眠区 2	平台设备	平台设备			平台设备
锻炼区				锻炼区自行车	空间实验工作区	
卫生区	睡眠区 3	平台设备	就餐区	航天员控制操作区		物资存放区
			平台设备	再生生保设备	平台设备	实验载荷安全区	平台设备

舱段中转节点舱工作区

青出于蓝

在空间站里
怎么吃饭睡觉生活呢?

答 空间站环境特殊,航天员需要克服很多问题才能满足日常生活所需。航天员会钻到一个固定的睡袋里睡觉,对抗宇宙失重的环境,防止身体飘来飘去。长时间处于失重环境还容易造成肌肉萎缩、骨质疏松,所以航天员每天要在"太空健身房"进行2小时的力量锻炼。不过,在太空锻炼要时刻注意擦汗,否则这些小水珠会一滴一滴飘走,很可能进入精密的设备里,引起大问题!空间站的饮用水是从地球上带来的,十分珍贵。空间站内部配备回收设备,可以把航天员呼出的水蒸气凝结成水进行回收,有的可以把尿液回收、净化、再利用。在空间站,航天员会食用特制的航天食品,粥饭面菜肉种类齐全,但是这些食品要符合相关标准,不能散发出太浓的气味,能常温保存,要有较长的保质期等。

随着技术的进步,航天员在太空的生活质量已经有了很大的提升,相信在不久的将来,空间站的生活会越来越舒适和方便。

戴磊

中国科学院国家空间科学中心研究员,博士生导师。

中国航天史

1956 年

1956 年 2 月，钱学森向中央提出《建立我国国防航空工业的意见》。

▶ 中国航天史的起点 ◀

1970 年

1970 年 4 月 24 日，第一颗人造地球卫星"东方红一号"发射升空。

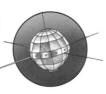

1971 年

1971 年 3 月 3 日，第一颗科学探测与技术试验卫星"实践一号"发射升空。

1988 年

1988 年 9 月 7 日，第一代准极地太阳同步轨道气象卫星"风云一号"（共 4 颗）的第一颗 FY-1A 卫星发射升空。

1990 年

1990 年 4 月 7 日，"长征三号"运载火箭把美国制造的"亚洲一号"通信卫星送入预定轨道。

▶ 首次取得为国外用户发射卫星的成功 ◀

2003 年

2003 年 10 月 15 日，"神舟五号"飞船载着航天员杨利伟成功发射升空。

2003 年 10 月 16 日，"神舟五号"飞船返回舱成功着陆。

▶ 继苏联和美国之后，中国成为世界上第三个有能力独立进行载人航天的国家 ◀

2011 年

2011 年 9 月 29 日，太空实验舱"天宫一号"发射升空。

2013 年

2013 年 12 月 14 日，"嫦娥三号"携带"玉兔"号月球车在月球软着陆成功。

▶ 1976 年以来首个在月球表面软着陆的人类探测器 ◀

2015 年

2015 年 12 月 17 日，暗物质粒子探测卫星"悟空"发射升空。

▶ 中国第一个空间望远镜 ◀

2016 年

2016 年 8 月 16 日，"墨子号"量子科学实验卫星发射升空。

▶ 全球第一颗设计用于进行量子科学实验的卫星 ◀

2017 年

2017 年 6 月 15 日，中国第一颗 X 射线天文卫星"慧眼"发射升空。

2019 年

2019 年 1 月 3 日，"嫦娥四号"探测器在月球背面成功软着陆。

▶ 人类历史上第一个成功在月球背面软着陆的探测器 ◀

2020 年

2020 年 12 月 17 日，"嫦娥五号"返回器带着 2 千克月壤成功着陆。

▶ 中国首次完成月球采样 ◀

就是我哦！

2021 年

2021 年 4 月 29 日，"天宫"空间站的"天和"核心舱发射成功。

▶ 中国第一个空间站 ◀

THINKING 头脑风暴

01 物体之间都存在着一种相互的引力，人们称这种引力为（ ）。

A. 地球引力

B. 静电引力

C. 万有引力

02 力的单位是（ ）。

A. 瓦特

B. 牛顿

C. 千克

D. 厘米

人教版《科学》四年级

03 物质无处不在，下列不属于物质的是（ ）。

A. 森林

B. 理想

C. 空气

人教版《科学》六年级

04 曹冲称象，称的是物体的（ ）。

A. 重力

B. 质量

C. 引力

人教版《科学》六年级

05 我国战国时期的天文学著作是（ ）。

A.《齐民要术》

B.《本草纲目》

C.《梦溪笔谈》

D.《甘石星经》

人教版《科学》六年级

06 牛顿反射望远镜属于（　　）。

A. 折射式望远镜

B. 反射式望远镜

C. 折反射式望远镜

人教版《科学》六年级

07 天眼属于（　　）望远镜。

A. 折反射式望远镜

B. 可见光望远镜

C. 射电望远镜

D. 反射式望远镜

人教版《科学》六年级

08 以下不属于不可见光的是（　　）。

A. 伽马射线

B. 红外线

C. 紫外线

D. 红光

人教版《物理》八年级

09 离地球最近的行星是（　　）。

A. 金星

B. 水星

C. 木星

D. 土星

人教版《科学》六年级

10 有中国"天眼"称号的望远镜是（　　）。

A. 普通望远镜

B. 射电望远镜

C. 天文望远镜

D. 空间站

人教版《科学》六年级

名词索引

头脑风暴答案

1.C 2.B 3.B 4.B 5.D
6.B 7.C 8.D 9.A 10.B

致谢

《课后半小时 中国儿童核心素养培养计划》是一套由北京理工大学出版社童书中心课后半小时编辑组编著，全面对标中国学生发展核心素养要求的系列科普丛书，这套丛书的出版离不开内容创作者的支持，感谢米莱知识宇宙的授权。

本册《空天梦想 从滑翔机到空间站》内容汇编自以下出版作品：

[1]《物理江湖：力大侠请指教！》，北京理工大学出版社，2022 年出版。

[2]《好奇心时报》，电子工业出版社，2019 年出版。

[3]《进阶的巨人》，电子工业出版社，2019 年出版。

[4]《奇思妙想一万年：科学与发现》，北京理工大学出版社，2020 年出版。

[5]《超级工程驾到：巡视宇宙的眼睛——天眼》，北京理工大学出版社，2023 年出版。

[6]《超级工程驾到：地球之外的宫殿——"天宫"空间站》，北京理工大学出版社，2023 年出版。

[7]《走，观星去》，中国农业出版社，2020 年出版。

图书在版编目（CIP）数据

课后半小时：中国儿童核心素养培养计划：共31册/
课后半小时编辑组编著. -- 北京：北京理工大学出版社, 2023.5
ISBN 978-7-5763-1906-4

Ⅰ.①课… Ⅱ.①课… Ⅲ.①科学知识—儿童读物
Ⅳ.①Z228.1

中国版本图书馆CIP数据核字(2022)第233813号

出版发行 / 北京理工大学出版社有限责任公司
社　　　址 / 北京市海淀区中关村南大街5号
邮　　　编 / 100081
电　　　话 / （010）82563891（童书出版中心）
网　　　址 / http://www.bitpress.com.cn
经　　　销 / 全国各地新华书店
印　　　刷 / 雅迪云印（天津）科技有限公司
开　　　本 / 787毫米×1092毫米　1 / 16
印　　　张 / 83.5
字　　　数 / 2480千字
版　　　次 / 2023年5月第1版　2023年5月第1次印刷
审 图 号 / GS（2020）4919号
定　　　价 / 898.00元（全31册）

责任编辑 / 王玲玲
文案编辑 / 王玲玲
责任校对 / 刘亚男
责任印制 / 王美丽